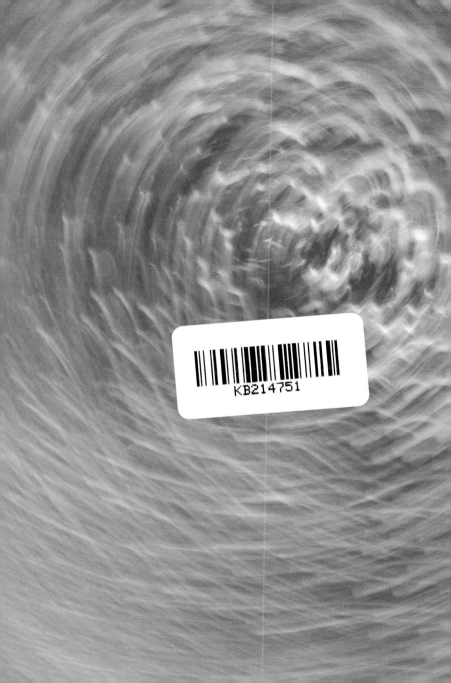
KB214751

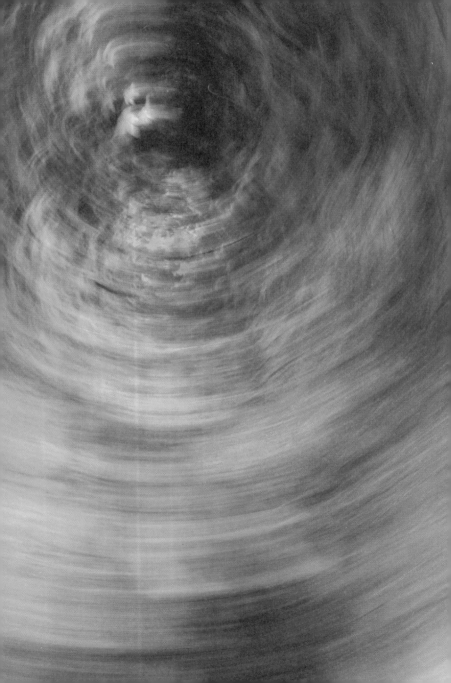

두 갈래 길,
천국 그리고 지옥

　우리는 죽고 나면 어떻게 될까요? 우리 육체는 소멸하고, 그리고 끝일까요? 아니면 우리의 영혼이 천국과 지옥으로 들어가게 될까요. 참으로 늘 궁금한 일이지요.

　천국과 지옥을 이야기 하면, 이 시대 무슨 황당한 이야기하느냐고 하시겠지만, 성경은 분명히 천국과 지옥을 기록하고 있습니다.

　예수님께서 여러 차례 교훈을 하시며, 우리가 예수님을 믿어 영생을 얻고, 천국에 들어가기를 바라셨지요. 그리고 낡아지지 않는 천국에 가는 배낭을 만들기를 교훈하셨지요.

　성경은 천국과 지옥에 대한 예수님의 교훈을 명확히 기록하고 있답니다.

　어느 목사님이 하나님의 부르심에 이끌려 천국과 지옥에 대한 환상을 보았습니다. 하나님께서는 그 목사님께 천국과 지옥의 일부분 중의 극히 아주 조금을 보여주셨습니다. 그분의 이야기를 들어볼까요?

천국방문

어느 날 주님의 은혜로 천국을 방문하게 되었습니다. 주님의 힘으로 하늘 위 공중으로 올려져 황금차를 타고 한 길로 계속해서 달려갔습니다. 그러자 두 갈래로 나누이는 길이 나타났습니다.

그 앞에서 천사들이 길을 안내하고 있었습니다.

"당신은 오른쪽으로 가세요."
어떤 사람에게는
"당신은 왼쪽으로 가세요."하면, 천사들이 지시한 길로 가게 되었습니다.

저는 황금차를 타고 갔는데, 저더러 오른쪽으로 가라고 했습니다. 황금차는 저절로 오른쪽을 향해 날아가더니 드디어 천국의 문 안으로 들어갔습니다.

안내하는 천사가 제가 가니 반갑게 맞아주면서 "여기는 천국입니다."라고 했습니다.

모두가 얼굴이 환하고 기쁨으로 가득차 있었습니다.

하나님의 보좌가 있는 거룩한 성전은 아주 강하게 빛나는 빛이었는데, 따로 설명하지 않아도 바로 그 빛이 하나님의 보좌라는 사실을 금세 알 수 있었습니다. 그 보좌 우편에는 예수님이 서 계시고, 왼편에는 성령님의 보좌가 있었습니다.

그곳에서는 끊이지 않고 하나님을 경배하는 예배가 드려지고 있었습니다. 예배를 인도하는 인도자도, 설교자도 없었으며, 자신의 예배 시간이 되면, 보좌 앞에 나와서 하나님의 거룩하심을 경배하며 찬양하는 것이었습니다. 이것이 천국의 예배의 모습이었습니다.

거룩하라고 설교하는자도 없고, 가르치는 자도 없었습니다. 이미 거룩한 사람들이 기쁨으로 하나님을 경배하고 있었습니다.

그리스도인의 삶은 삶 자체가 하나님께 드리는 예배입니다. 이 세상에서 주님께 드리는 예배가 천국에서도 영원히 계속됨을 알 수 있었습니다. 하나님께 드리는 예배는 기쁨이었습니다.

아버지께 참되게 예배하는 자들은 영과 진리로 예배할 때가 오나니, 곧 이 때라. 아버지께서는 자기에게 이렇게 예배하는 자들을 찾으시느니라. (요4:23)

천국에 대하여

　수많은 사람들은 천국에서도 각자의 일(땅에서의 일과는 다른)을 스스로 하고 있습니다. 누구나 자기에게 주어진 일을 기쁨으로 하다가 예배시간이 되면, 하나님 보좌가 있는 커다란 성전에 가서 예배를 드립니다.

　성전이신 하나님의 보좌는 빛으로 빛나고 있습니다. 빛이 너무나 밝기에 하나님의 형상을 바라볼 수 없지만, 누구나 그 빛나고 높은 보좌에 하나님께서 좌정해 계심을 알 수 있습니다. 하나님의 보좌에서 뿜어 나오는 빛은 천국 전체를 환하게 비취므로, 천국에서는 어두움의 존재 자체를 느낄 수가 없습니다.

　천국에서는 모두 하나님께 예배를 드리는 기쁨을 누립니다. 하나님께 드리는 예배는 모든 사람이 모두 다 한꺼번에 예배를 드리는 것은 아니지만, 각자 자신의 정해진 예배 시간에 예배를 드립니다. 하나님의 보좌가 있는 하늘의 성전에는 예배가 계속되며, 예배가 끊어지는 법이 결코 없습니다.

천국에는 끝이 보이지 않는 꽃밭도 있습니다. 이 세상의 꽃보다 더 많은 종류의 꽃들과 다양한 색깔들의 꽃들이 있습니다. 그 꽃밭을 가꾸며 즐거이 일하는 사람들도 있습니다.

천국에서 각 사람의 생애에 대한 마지막 심판의 모습을 보았습니다. 그 심판은 한 사람씩 큰 투명 저울같은 곳에 올라서면, 그의 살아왔던 모든 일생의 삶이 그냥 향기로 퍼집니다. 그 향기로 그 사람의 일생의 삶을 단 번에 알수 있고, 그 향기에 따라서 천국에서의 일이 주어졌습니다. 천국에서는 한 사람 한 사람 모두가 기쁨이 넘치는 모습입니다.

이 땅에서의 예배는 천국에서 영원히 하나님을 경배하는 예배의 모습 그대로라는 것을 알 수 있었습니다.

하나님은 영이시니 예배하는 자가 신령과 진정으로 예배할지니라. (요4:24)

우리의 모든 삶이 예배랍니다. 그러니 우리는 우리의 삶을 거룩하고 정결하게 주님께 드리지 않을 수 없겠지요?

너희 소유를 팔아 구제하여 낡아지지 아니하는 베낭을 만들라. 곧 하늘에 둔 바 다함이 없는 보물이니, 거기는 도둑도 가까이 하는 일이 없고, 좀도 먹는 일이 없느니라. (눅12:33)

지옥에 대하여

　예수님께서 어느 목사님께 지옥의 한 모습을 보여 주셨습니다. 그 모습들을 보면, 우리는 절대로 지옥을 가서는 안 된다는 것을 알 수 있습니다. 그래서 여러분에게 전하는 것입니다.

　지옥에 간 사람이 당하는 고난을 보면, 주님께서 지옥에 대하여 말씀하신 내용과 전혀 다름이 없습니다. 거기는 구더기도 죽지 않고 영원한 불만 타오르기 때문입니다.

　주님께서 어느 목사님께 지옥을 보여주신 모습은 아주 부분적으로 조금이지만, 우리가 알 수 있는 것은 지옥은 절대로 가지 말아야 할 곳이라는 것입니다.

첫 번째 사람은 산 채로 훈제되어 마귀가 뜯어 먹었습니다. 이 사람은 하나님께서 세우신 종을 거역하고 반기를 들었다 하였습니다.

두 번째 사람은 머리 정수리부터 산채로 껍질을 한 겹씩 한 겹씩 벗겨 내는데, 뼈가 드러날때까지 한 겹씩 껍질을 벗기고, 온 몸에 피가 계속 흘렀고, 그 사람은 고통에 비명을 지르고 있었습니다. 이 사람은 주님보다 돈을 더 사랑하는 돈이 주인된 사람이라고 하셨습니다.

세 번째 다른 장면의 사람은 커다란 작두같은 칼이 내려와서 그 사람 몸을 두동강 내는데 목을 잘랐습니다. 이 사람은 하나님의 말씀을 믿지 않고 거역하였다 하셨습니다.

네 번째 다른 장면은 사람이 살아 서 있는데, 눈알, 혀, 온 몸의 살이 그대로 썩어서 몸의 살들이 녹아내리고 있었으며, 그 눈알을 마귀가 다 뽑아 먹고 있었습니다. 이 사람은 거짓말을 하는 사람이라고 하셨습니다.

난 "주님께 더 이상은 볼 수 없습니다. 제가 지옥을 전하겠습니다. 이 무시무시한 곳에는 절대로 가면 안 된다고 전하겠습니다"라고 말씀을 드렸습니다.
왜냐하면 이 지옥은 단 한 번인 일회적인 것이 아니라, 영원히 반복되는 고통속에 있어야 하는 곳이기 때문입니다.

이 세상에 대하여

어느 날 성전에서 혼자 기도를 하고 있는데, 강력한 빛이 비추면서 주님께서 강력한 빛 가운데서 오른손을 들어 저에게 빛을 비추셨습니다. 그 빛은 저의 영을 주님 앞에 끌어 올렸습니다. 저에게 "너가 살고 있는 세상을 보여주겠다" 하시면서 지구를 열어 보여주셨습니다.

지구에 수많은 하얀 구더기들이 서로 위에 올라가겠다고 서로 밟고 올라가더니, 또르르 떨어지고 또 다른 구더기가 위로 기어 올라가더니 또 밑으로 떨어지고, 계속해서 서로 위에 먼저 오르겠다고 기어올랐지만, 거기서 거기인 구더기들의 모습뿐이었습니다.

주님께서 "인생들은 서로 남을 밟고 올라서려고 발버둥치며 아우성이지만, 헛된 것을 위해 발버둥 치고 있단다. 저기서 가장 위대한 구더기가 어느 것이며, 훌륭한 구더기가 누구인지 알겠느냐?"고 하셨습니다.

난 "주님 다 똑 같아서 위대한 구더기도 훌륭한 구더기도 잘 모르겠습니다" 고 대답하니 "맞다 다 똑 같은 구더기이다"고 하셨습니다. 제 영이 이 모습을 보고 나서 나중에 성경을 보는데 성경에 구더기가 나오는 것을 알았습니다.

"하물며 벌레인 사람, 구더기인 인생이랴?" (욥25:6)

거기는 구더기도 죽지 않고 불도 꺼지지 아니하느니라. (막9:48)

모든 사람은 죄인입니다. 마음속에 미워하는 마음을 품어도 그것 또한 죄이기 때문입니다. 예수님을 믿지 않는 사람들은 모두 다 지옥에 가게 됩니다.

모든 사람이 죄를 범하였으매 하나님의 영광에 이르지 못하더니 (롬3:23)

한번 죽는 것은 사람에게 정해진 것이요 그 후에는 심판이 있으리니 (히9:27)

제발 지옥만은 가지 말라고 눈물로 호소합니다. 저뿐만 아니라, 제가 아는 모든 사람들에게 제발 이곳만은 가지 말라고 말씀드립니다.

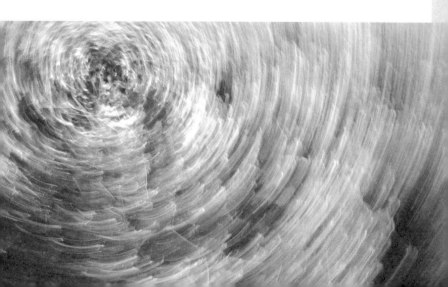

지옥에 가지 않기를

이 글을 읽는 여러분! 예수 그리스도! 우리 주님을 꼭 믿으십시오. 예수님이 구주이심을 반드시 믿어야 합니다. 지옥에 가고 싶은 사람이 어디 있겠습니까? 예수님을 모르기 때문입니다. 그래서 저는 제가 본 이 사실을 전하며 말씀을 드리는 것입니다.

예수님만이 죄와 사망과 죽음에서 우리를 구원하실 수 있습니다. 예수님께서 십자가에 못 박히시며 피를 흘리시며 죽으심으로 우리의 죄를 사해 주셨습니다. 예수님께서 구주(Savior)가 되신다는 이 사실을 믿고 받아들이면, 우리는 이 지옥에 떨어지지 않고, 영원한 생명과 평안과 행복이 있는 천국에서 영생을 누리며 살게 될 것입니다. 이것이 예수 그리스도의 복음입니다.

주 예수를 믿으라 그리하면 너와 내 집이 구원을 얻으리라. (행 16.31)

내가 곧 길이요 진리요 생명이니 나로 말미암지 않고는 아버지께로 올 자가 없느니라. (요14.6)

하나님이 세상을 이처럼 사랑하사 독생자를 주셨으니, 이는 그를 믿는 자마다 멸망하지 않고 영생을 얻게 하려 하심이라. (요3.16)

새 신자를 위한 고백의 기도

처음 예수 그리스도를 알고, 믿음으로 주님을 받아들이시는 분들은
이 기도문을 소리 내어 읽으심으로써, 믿음을 고백해 보시기 바랍니다.
주님께서 베푸시는 구원의 은혜가
믿음을 고백하는 여러분들에게 사랑으로 임할 것입니다.

사랑이 많으신 주 예수님! 저는 죄인입니다. 이 세상에서 방황하며 살다가 이제 주님 앞에 나왔습니다. 주님! 저를 받아 주옵소서.

하나님의 외 아드님이신 우리 주 예수 그리스도께서 저를 죄에서 구원해 내시기 위하여, 저를 대신하여 십자가 위에서 몸 버려 피 흘리시고, 다시 죽음에서 부활하시어, 저를 구원해 주셨음을 믿습니다.

주님! 저의 죄를 용서해 주시고, 저를 죄악에서 건져내시며, 저를 주님의 자녀로 삼아 주옵소서. 오직 예수 그리스도만이 나의 주님, 나의 하나님이 되심을 믿사오니, 주님! 저를 받아 주옵소서.

저의 지은 죄를 회개하오니, 예수 그리스도의 흘리신 보배로운 피로 저를 씻어 주옵소서. 이제는 주님만을 위하여 살겠습니다.

예수 그리스도를 나의 주님, 나의 하나님으로 받아들이오니, 저와 늘 함께하여 주옵소서. 우리의 주님이신 예수 그리스도의 이름으로 기도드립니다. 아멘.

두 갈래 길,
천국 그리고 지옥

초판_ 1쇄 발행
만든 사람들_ God Seekers Fellowship
　　　　　　 하나님을찾는사람들선교회
글쓴이_ 이일화
편집디자인_ 김시우
펴낸이_ 조정애
펴낸곳_ 유림프로세스
등록번호: 제 2013-000003호
등록일자: 2013년 1월 7일

정가: 2,000원
ISBN: